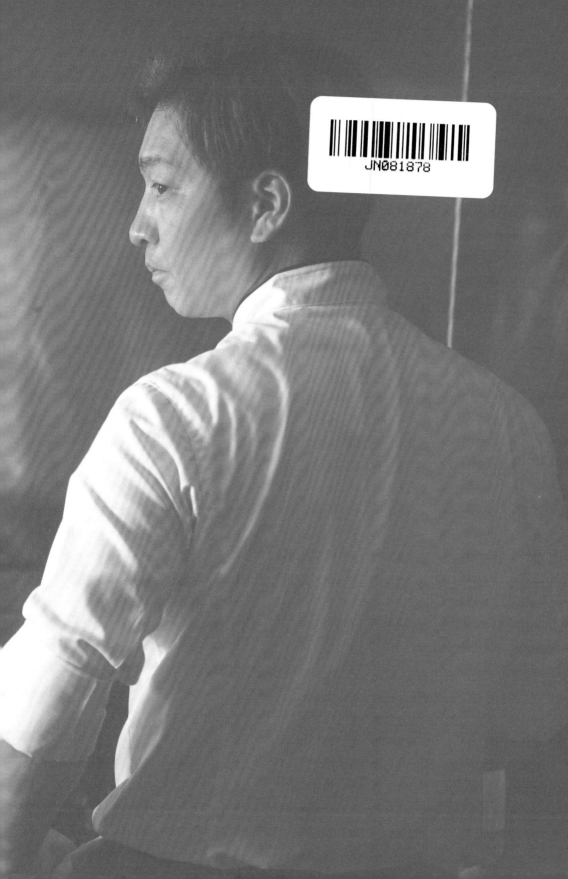

Chef Ropia

シェフ ロピア
小林諭史

極上の
おうち
イタリアン

Chef Ropia
パスタ＆メイン担当

『リストランテフローリア』
のオーナーシェフ。厨房を
取り仕切るチームのリーダ
ー。男前で強面だがちょっ
と天然な一面もある。男性
ファンが多い。

キャップ
まかない担当

シェフに憧れ岩手からやっ
てきた期待の若手。調理の
アシストを一手に担う縁の
下の力持ち。動画の「まか
ないシリーズ」でも人気。
年上から愛される。

325（さつこ）
ドルチェ & 撮影担当

シェフの良き妻であり、動画の撮影も主に担当。画面を通したシェフとの掛け合いは動画でも人気。おっとりしているが思ったことははっきりいうタイプ。

まつこ
ホール & ドルチェ担当

シェフの妹の幼なじみ。フラッと面接に来て、即採用された逸材。可憐な見た目だが、意外と肝っ玉が太い。笑顔の接客が信条。

はじめに

はじめまして。長野で『リストランテフローリア』というイタリア料理店のオーナーシェフを務めている小林諭史といいます。多くの方に料理の楽しさを知ってもらいたい、という思いで、５年ほど前からYouTubeで『Chef Ropia』という料理チャンネルを発信しています。

このレシピブックは、イタリアンをもっと身近に感じてほしくて取り組みました。作る前から壁を感じている人は少なからずいるとは思うんですけど、いくつかのポイントを押さえれば、ある程度アバウトでも美味しく作れるのがイタリアンの魅力だと思っています。

各レシピにおいて外せないポイントは３つ。例えば「味出しの塩」「乳化」「加減（火加減、水加減）」といったポイントを押さえていれば、料理は驚くほど美味しくなります。

そして料理は小さなことの積み重ねも大切です。何度も繰り返して作ることで美味しくなっていきます。繰り返すうちに分量や手順など自分好みのものが必ず生まれるので、その時にはどんどん本にメモや訂正をして、自分だけのレシピブックを作り上げてください。作れば作るほど美味しくなり、誰かに喜んでもらえるものがイタリアン。

みんなで一緒にイタリア料理を楽しみましょう。

Contents

Chapter 1
パスタ

Chapter 2
前菜

本書で使用する
道具

道具を揃えると調理は一気にはかどります。立派なものでなくて構いません。しっくりくるものを見つけましょう。将来の自分に対する投資だと思えますように。

1 アルミフライパン
軽くて熱伝導率が高いので一気に火が通ります。ソース作りやパスタをあえるのに向いています。

2 トング
食材をつかむために使いますが、ソースをかき混ぜたり、料理を盛り付けたり、さまざまな用途で活躍。

3 ソースパン大小
パスタや肉・魚料理にかけるソースを作るのに適した背が高くこぼれにくいフライパンです。

4 鉄フライパン
重くてお手入れが大変そうですが、長く使えば使うほど油がなじんで、高温調理に適しています。

5 ターナー
フライパンで肉や魚を焼く際に、表裏をひっくり返したり、調味料を食材に行き渡らせるために使います。

6 ボウル各種
食材同士を合わせたり、卵や生クリームなどを混ぜるときに使います。いくつかあると便利です。

7 アルミバット
熱を持った食材をならべて冷蔵庫で冷やしたり、フライの衣をつけたり、食材に塩をふる際に使います。

8 スープレードル
日本でいうお玉。丸くて底が深いのが特徴で、スープなどをお皿によそう際に使います。

9 横口スープレードル
横に注ぎ口がついているので小さいお皿に盛り付けやすくなっています。計量目盛りが付いているものも。

10 ホイッパー
生クリームや卵白、ドレッシングなどをボウルで混ぜる際に使います。

11 グレーター
チーズやしょうがなどを細かく下ろす際に使うおろし金です。レモンなどの皮をけずって、香りや風味づけに使うことも。

12 ゴムベラ
粘度のあるソースや小麦粉などをかき混ぜる際に使います。しなるので、ボウルのフチに沿って余さずすくうことができます。

13 キッチンタイマー
調理で大切なのが時間管理です。パスタのゆで時間はもちろん、食材に火が入りすぎて硬くならないよう管理します。

14 保存容器
ビン製の容器。冷蔵庫で保存した作り置きのソースなどを使えば、時短で料理が完成します。

本書で使用する
調味料

調味料を揃えると料理へのやる気が高まります。同じ調味料でも産地や銘柄で味わいはまったく変わります。塩、オリーブオイルを手始めに、少しずつ揃えてみてください。

1 オリーブオイル
イタリアンの基本食材のひとつ。種類や銘柄によって味わいは大きく変わるので、用途によって使い分ける。

2 粒マスタード

3 アンチョビ
カタクチイワシの塩漬けをオイルに漬けたもの。濃厚なうまみと強い塩気があり、料理の味のベースとなる。

4 塩
5 砂糖
6 黒こしょう
7 赤ワイン
8 白ワイン

9 白ワインビネガー
すっきり爽やかな味なので、サラダやマリネなどに向いています。料理の隠し味にも。

10 白こしょう
11 牛乳
12 みりん
13 はちみつ
14 マヨネーズ
15 生クリーム
16 バター
17 ソース
18 ケチャップ

本書で使用する
ハーブ、
香辛料、材料
———

イタリアンの基本は新鮮な食材をいかに美味しく食べるか。素材のうまみを油でじっくりと引き出せるかが勝負。チーズはもちろん欠かせません。

1 イタリアンパセリ
2 バジル
3 チャービル
4 ローズマリー
5 オレガノ
素材の鮮度を大事にするイタリアンに欠かせないのがハーブと香辛料。料理の味を引き立てる縁の下の力持ち。

6 レモン
7 にんにく
8 ローリエ
9 唐辛子

10 パンチェッタ
塩漬けした豚バラ肉を熟成させたうまみの宝庫。これを燻製するとベーコンに。ベーコンよりクセがない。

11 パルミジャーノレッジャーノ
12 シュレッドチーズ
13 モッツァレラチーズ
14 黒オリーブ
15 ケッパー
16 ゴルゴンゾーラチーズ
17 薄力粉
18 トマト缶

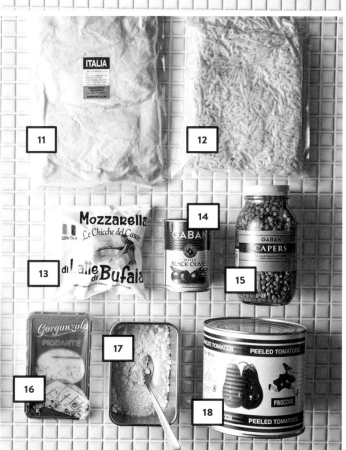

本書で使用する パスタ

パスタは小麦粉をこねて作った食品の総称。イタリアにはなんと1000種類以上あるとか。パスタの個性を知ればイタリアンがもっと楽しくなります。

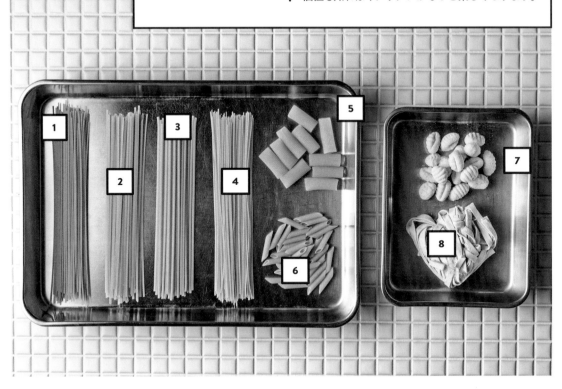

1 スパゲッティーニ
すべてのパスタの基本となる乾麺。太さによって味わいも変わるので料理によって使い分ける。

2 リングイネ
楕円形の断面で、弾力がありモチモチした食感で、ソースとよくからむ。

3 ブカティーニ
スパゲティよりもやや太く、中心部に穴が開いているのが特徴で、食べごたえがある。

4 カペッリーニ
パスタの中でも非常に細い種類を指す。のびやすいため、冷製で使用されることが多い。

5 リガトーニ
中心に大きな穴が開いていて、外側には筋状の模様が入っているためソースがよくからむ。

6 ペンネ
ペン先を意味する穴の開いたショートパスタ。マカロニと混同されることもあるが別物として扱われる。

7 ニョッキ
モチモチとした食感が気持ちいい、じゃがいもと小麦粉を混ぜ合わせた団子状のパスタ。

8 フェトチーネ
小さなリボンを意味する平たいパスタで、ごろっとしたソースと相性がいい。

本書の使い方

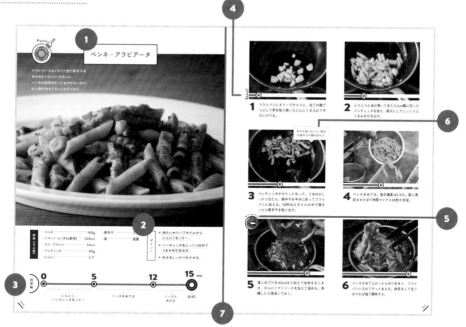

❶ レシピ名

❷ ポイント　押さえておきたい調理のポイントや、レシピにまつわるちょっとしたメモが書かれています。

❸ 時間軸①　完成するまでの工程を視覚化してスッキリ。

❹ 時間軸②　いま、どの段階にいるかを簡単に視覚化。

❺ 「味出しの塩」「ゆで汁」「チーズ」などはアイコンで分かりやすく配置。

❻ チェックポイント　プロのシェフが気をつけているポイントを押さえれば、味が決まる!

❼ ペターっとページが開くので、重しを置く必要もありません。

本書のレシピの注意点

- 材料は2人前を目安に表記されています。
- 表記は大さじ1＝15ml　小さじ1＝5ml　1カップ＝200mlです。
- 「味出しの塩」の分量はひとつまみを目安としてください。
- 「ひとつまみ」は、親指、人さし指、中指の3本の先でつまむくらいの分量です。小さじ1/5〜1/4とします。
- パスタの塩分濃度は1〜1.5％を目安としてください。ゆで汁に入れる塩をしっかりと計量するとおいしく仕上がります。1.5％の濃度は1Lの水に15gの塩を入れます。
- パルミジャーノレッジャーノは粉チーズで代用可。
- 洗う、皮をむく、ヘタをとる、砂抜きをする、などの下ごしらえは省略しています。
- 特に指示がない場合、火勢は中火です。
- 冷蔵に入っていた肉などは、しばらく常温に置いてから使ってください。
- 揚げ油の170℃の目安は、乾いた菜箸の先を油の中に入れると、泡がゆっくりと立つ状態です。
- フライパンはテフロン加工などを使用すると失敗が少なくなります。
- 作ったらすぐに食べてください。食べ残した場合は、冷蔵庫などで保存し、数日以内に再加熱してお召し上がりください。
- 揚げ油はサラダ油などを使用してください。
- レシピには目安となる分量や調理時間を表記していますが、食材や食材のサイズ、調理器具などによって個体差がありますので、様子をみながら加減してください。

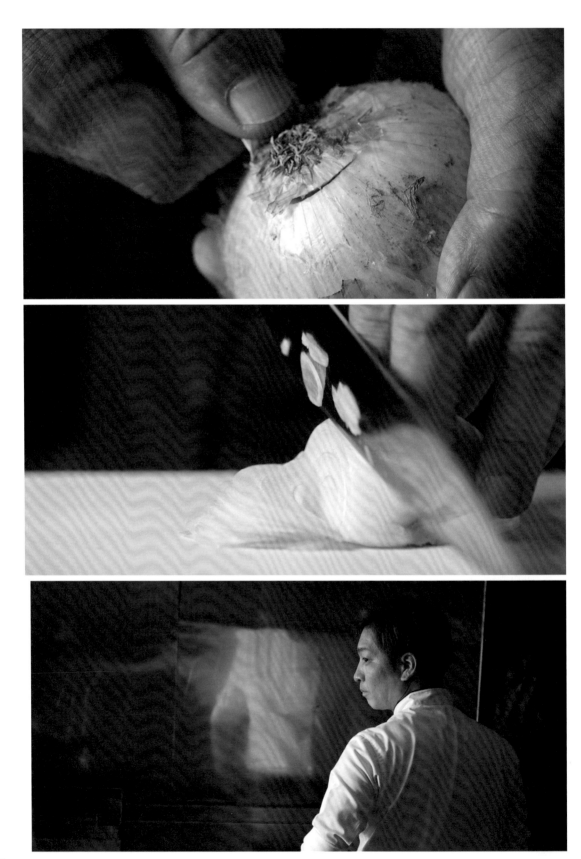

Chapter 1

Pasta

パスタ

トマトソース

適度にトマトの酸味を残しながらも、
玉ねぎの甘さを十分に引き出すことで、
家庭でもワンランク上のソースが作れます。

材料（2人前）		
・トマトホール缶 …… 2缶（800ml）	・塩 …… 小さじ1弱	
・玉ねぎ（中玉） …… ½個	・ローリエ …… 2枚	
・にんにく …… 1片		
・オリーブオイル …… 60ml		

ポイント

● 味出しの塩でうまみを凝縮。

● 冷たいオリーブオイルから
にんにくをソテー。

● 玉ねぎはいじらず焼き目をつける。

時間軸

0　**10**　**20**　**25** min

にんにく、
玉ねぎをソテー

トマト缶を
煮詰める

ローリエと
塩を入れて煮込む

完成！

Start!

1 玉ねぎ、にんにくをみじん切りにする。

にんにくはオイルが
冷たいうちに鍋に入れる。

2 鍋にオリーブオイル、にんにくを入れて中火
にかけ、ふつふつとしてきたら弱火に落とし、
にんにくの香りをオリーブオイルに移す。

Salt

味出しの塩が水分を
引き出し、うまみを凝縮！

3 にんにくから香りが出てきたら玉ねぎを加え、
さらに味出しの塩（分量外）を軽く振って中
火にする。ふつふつと沸いてきたら弱火に落
としてじっくりとソテーする。

4 玉ねぎがきつね色になったら、トマト缶を加
えて強火にし、鍋が沸騰したら弱火に落とし
て、10分ほど煮込む。

5 コンロの火で軽くあぶったローリエと塩を加
え、さらに5分ほど煮込む。

6 水分が飛んで軽くとろみがついたら完成。容
器に移し替えたら、冷蔵庫で1週間程度保存
可能。

モッツァレラとバジルのトマトスパゲティ

モッツァレラのフレッシュさとバジルの
さわやかさを同時に楽しめる一皿。
サッと熱を通して手早く
仕上げるのが美味しさの秘密。

材料（２人前）	・スパゲティ	160g
	・トマトソース（P16参照）	100ml
	・オリーブオイル	50ml
	・モッツァレラチーズ	50g
	・にんにく	1片

・バジルの葉	5枚
・塩	適量

ポイント
- にんにくの香りを引き出す。
- トマトソースのうまみをいかす。
- モッツァレラチーズを入れたらスピーディーにあえる。

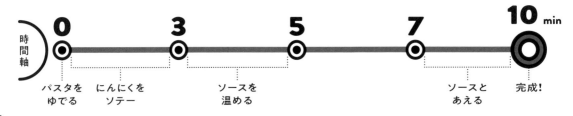

時間軸

0 パスタをゆでる / にんにくをソテー
3 ソースを温める
5
7 ソースとあえる
10 min 完成!

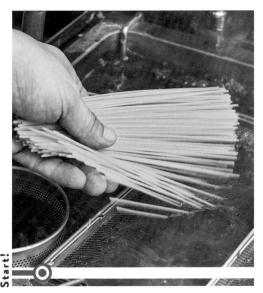

Start!

1 塩分濃度1.5％でパスタをゆでる。袋に表記
された時間からマイナス30秒が目安。

2 フライパンにオリーブオイル、みじん切りに
したにんにくを入れてから、中火にかける。
油がふつふつとしてきたら弱火に落とし、じ
っくりとにんにくの香りを引き出す。

Boiling soup

3 2にゆで汁20mlとトマトソースを加える。
中火にしてソースがふつふつと沸いてきたら
塩（分量外）で調味する。ちぎったバジルを
3枚入れる。

モッツァレラチーズを
加えたら、手早くあえる。

4 ゆで上がったパスタの水けをきったら、**3**
に入れて手早くあえる。残りのバジル、ちぎ
ったモッツァレラを加え数回あおる。味見を
し、足りなければ塩で調味する。

Pasta

ペンネ・アラビアータ

アラビアータはイタリア語で唐辛子を
きかせたトマトソースのこと。
ペンネは時間がたってものびないので、
大人数のおもてなしにもぴったり。

材料（2人前）		
・ペンネ	160g	
・トマトソース（P16参照）	200ml	
・オリーブオイル	50ml	
・パンチェッタ	40g	
・にんにく	2片	
・唐辛子	2本	
・塩	適量	

ポイント

● 冷たいオリーブオイルから
にんにくをソテー。

● パンチェッタをじっくり炒めて
うまみを引き出す。

● 辛みをしっかりきかせる。

時間軸

0　にんにく、
パンチェッタをソテー

5　ペンネをゆでる

12　ソースと
あえる

15 min　完成!

Start!

1 フライパンにオリーブオイルと、包丁の腹でつぶして芽を取り除いたにんにくを入れて中火にかける。

2 ふつふつと油が沸いてきたら1cm幅に切ったパンチェッタを加え、弱火にしてじっくりとうまみを引き出す。

辛みを強く出したい場合は唐辛子の種も加える。

3 パンチェッタがカリッとなって、うまみがしっかり出たら、唐辛子を半分に折ってフライパンに加える。10秒ほどオイルの中で揺すったら唐辛子を取り出す。

4 ペンネをゆでる。塩分濃度は1.5%。袋に表記されたゆで時間マイナス30秒が目安。

Boiling soup

5 3にゆで汁を40mlほど加えて全体をなじませ、さらにトマトソースを加えて温める。沸騰したら保温しておく。

6 ペンネがゆで上がったら水けをきり、フライパンに入れてサッとあえる。味見をして足りなければ塩で調味する。

ブカティーニのアマトリチャーナ

「そろそろやばいかな」と思うギリギリまで
パンチェッタと玉ねぎを
ソテーすることがこのパスタのポイント。

材料（2人前）		
・ブカティーニ	160g
・トマトソース（P16参照）	200ml
・玉ねぎ	⅓個
・パンチェッタ	40g
・オリーブオイル	50ml
・パルミジャーノレッジャーノ	20g
・塩	適量

ポイント

● パンチェッタのうまみを引き出す
● 玉ねぎが焦げる
　ギリギリまで火を通す。
● 粉チーズは
　仕上がり直前に入れる。

時間軸

0	3	8		16	18 min
パンチェッタを ソテー	玉ねぎを ソテー	トマトソース 投入	ブカティーニを ゆでる	ソースと あえる	完成！

Start!

1 フライパンにオリーブオイルと1cm幅に切ったパンチェッタを入れて中火にかける。油を全体になじませたら、弱火にして、パンチェッタのうまみを引き出す。

Salt

2 再び中火にかけ、パンチェッタに焼き色がついたら、1mm幅にスライスした玉ねぎ加え、味出しの塩をふってソテーする。

Boiling soup

> 玉ねぎが焦げる
> ギリギリまで火を通す。

3 玉ねぎをフライパン全体に広げて、水分が飛ぶようにしながらしっかりとソテー。茶色に色づいたら弱火に落とし、ゆで汁50mlを加えて全体をなじませる。

4 3にトマトソースを加えて軽く塩をふり、中火で温める。

5 ブカティーニをゆでる。ゆで汁の塩分濃度は1.5％、ゆで時間は袋の表記マイナス30秒が目安。

Cheese

> チーズは盛り付け直前に
> 加えて 3〜4 回あおったら OK。

6 ゆで上がったらザルにあけて水けをきり、4に入れて全体をサッとあえる。味見をして足りなければ塩で調味し、最後にパルミジャーノを加えて盛り付ける。

ボロネーゼソース

ひき肉のうまみを堪能できるボロネーゼソースは、
ひき肉にしっかりと焼き色を付けて、
さらに混ぜすぎないのがポイント。
ゴロゴロ食感が残る仕上がりで
パスタのアクセントになります。

材料（2人前）

- 豚ひき肉 ……… 500g
  （合いびき肉でもOK）
- 玉ねぎ ……………… 1個
- にんじん ………… ½本
- セロリ ……………… 1本

- トマト缶 …… 2缶（800ml）
- オリーブオイル ……… 80ml
- 赤ワイン ………… 260ml
- ローリエ …………… 2枚
- 塩 ……………… 小さじ1弱

ポイント

- ひき肉に焼き色をつける。
- 混ぜすぎないで食感を残す。
- 鍋についたうまみを逃さない。

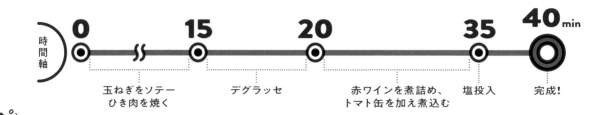

時間軸

0	15	20	35	40 min
玉ねぎをソテー ひき肉を焼く	デグラッセ	赤ワインを煮詰め、 トマト缶を加え煮込む	塩投入	完成！

Salt

Start!

1 鍋にオリーブオイル、みじん切りにした玉ねぎ、にんじん、セロリを入れ、味出しの塩（分量外）をふって中火でソテーする。

茶色い焼き色をメイラード反応といい、うまみとなります。

2 別のフライパンにひき肉を入れ、ハンバーグを焼くイメージで強火で焼き色をしっかりつけながらソテーする。

フライパンについたうまみを残さず集める「デグラッセ」をすることで、ソースがさらに美味しくなる。

3 1の鍋に2の肉を移して、軽く混ぜ合わせる。空になった2のフライパンに赤ワイン60mlを加え、中火にかけて沸騰させ、こびりついた肉のうまみをこそげ取り、1の鍋に加える。

パチパチと油が跳ねる音がするまで3分ほど煮詰める。

4 3に残りの赤ワイン200mlを加え、水分がなくなるまで強火でグツグツと煮詰める。

ローリエを火で炙ってから入れると香りがよくなる。

5 トマト缶とローリエを加えて中火で沸騰させたら、弱火にして10〜15分ほど煮込む。

6 最後に味見をしながら塩で整えて、さらに5分ほど煮込んだら完成。

Pasta

きのこのボロネーゼ フェットチーネ

肉たっぷりのボロネーゼソースに、きのこのうまみをプラス。
シンプルだからこそアレンジは無限大です。

材料（2人前）	
・フェットチーネ（冷凍）……180g	・にんにく……1片
・ボロネーゼソース（P24参照）……200ml	・パルミジャーノレッジャーノ……40g
・オリーブオイル……50ml	・塩……適量
・椎茸……1枚	・イタリアンパセリ……適宜
・しめじ……⅓パック	・ブラックペッパー……適宜

ポイント

● 冷たいオリーブオイルから
にんにくをソテー。

● きのこは弱火でじっくりソテー。

● 味出しの塩できのこのうまみを凝縮。

時間軸	**0**		**8**	**12**	**15**	**18** min
	にんにく、きのこをソテー		ボロネーゼソースを加えて温める	フェットチーネをゆでる	ソースとあえてチーズを加える	完成！

1 フライパンにオリーブオイル、みじん切りにしたにんにくを入れて中火にかけ、ふつふつと沸いたら、弱火に落とす。

> Salt

> 食感をいかしたい場合は強火でソテー。

2 にんにくがきつね色になったら、食べやすく切ったきのこを加えて、味出しの塩（分量外）をふり、きのこがしんなりするまで弱火でじっくりソテーする。

> 味見をして、少し物足りなかったら、ゆで汁を50ml入れる。

3 2にボロネーゼソースを加え弱火で温めながら、塩（分量外）で調味する。

4 塩分濃度1.5％で、袋の表記通りの時間フェットチーネをゆでる。

> Cheese

5 パスタがゆで上がったら、水けをきって、ソースと手早くあえ、パルミジャーノレッジャーノを加えて全体をなじませる。皿に盛り付けて、パセリとブラックペッパーを散らす。

Pasta

ジェノベーゼソース

フレッシュなバジルを使ったジェノベーゼソースは、
ノンストップで作り上げることで香り豊かに。

材料（2人前）		
・バジルの葉	60g	
・アンチョビ	4枚	
・オリーブオイル	150ml	
・パルミジャーノレッジャーノ	40g	

・にんにく ……… 2〜3片
・素焼きのミックスナッツ
　……… 30g
・塩 ……… 小さじ1

ポイント
● ミキサーを冷やしておく。
● にんにくは多めに入れる。
● オリーブオイルは
　2、3回に分けて混ぜる。

時間軸

0 — チーズを
すりおろす

3 — 材料を
ミキサーに入れる

5 — ミキサーで
よく混ぜる

8 — オイルを
全て
加える

ミキサーで
よく混ぜる

10 min — 完成！

Start!

1 バジルの葉を茎から外し、にんにくは皮をむき芽を取り除いてざっくりスライス。アンチョビは細かく刻む。ミックスナッツは包丁で刻むか、たたいてつぶす。

2 パルミジャーノレッジャーノをすりおろす。

少しでも熱が加わると色味が悪くなるため、冷蔵庫で冷やしたミキサーを使う。

3 ミキサーにオリーブオイル以外のすべての材料を入れる。

4 オリーブオイルの1/3量（50ml）を加えてミキサーで混ぜる。

一度に入れると混ざりづらくなるため、2、3回に分けて入れる。

5 バジルが細かくなったら、残りのオイルをすべて加えてなめらかになるまで混ぜる。

Pasta

リングイネのジェノベーゼ

季節の葉野菜とジェノベーゼソースはサッと火を通して、
旬の野菜の香りと彩り、食感を楽しみましょう。

材料（2人前）			
・リングイネ	160g	・ジェノベーゼソース（P28参照）	40ml
・オリーブオイル	25ml	・塩	適量
・にんにく	1片	・パルミジャーノレッジャーノ	30g
・季節の葉野菜（今回はほうれん草）	3束	・ブラックペッパー	適量

ポイント

- 冷たいオリーブオイルからにんにくをソテー。
- 野菜をソテーしたら火を止める。
- スピード重視で色あざやかに。

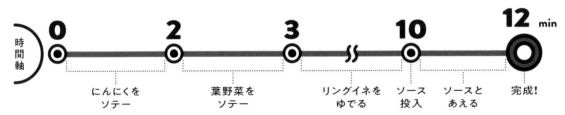

時間軸

0 min — にんにくをソテー
2 — 葉野菜をソテー
3 — リングイネをゆでる
10 — ソース投入
— ソースとあえる
12 min — 完成！

Start!

1 フライパンにオリーブオイル、みじん切りにしたにんにくを入れ中火にかける。ふつふつと泡が出てにんにくが色づきはじめたら、弱火に落とす。

2 **1**に好みの葉野菜を加えてサッと塩（分量外）をふってソテーし、ゆで汁20mlを加えたら火を止めて全体をなじませる。

3 リングイネをゆでる。ゆで汁の塩分濃度は1〜1.5％。袋に表記されたゆで時間マイナス30秒が目安。

熱が入ると色味が悪くなるため、スピード感が大事。

4 リングイネがゆで上がる直前に、**3**にペストジェノベーゼを加え、弱火で温める。

5 パスタをザルにあけて水けをきったら、**4**のフライパンに入れソースと手早くあえ、味見をして足りなれば塩を加える。仕上げにパルミジャーノとブラックペッパーを散らす。

Pasta

ペペロンチーノ

にんにくの中からじんわりと香りとうまみを
引き出してパスタにからませるのがポイント。
細めのパスタがよく合います。

材料（2人前）

・スパゲティ ………………… 160g
・オリーブオイル …………… 50ml
・にんにく …………………… 2〜3片
・唐辛子 ……………………… 2本
・イタリアンパセリ ………… 適宜

ポイント

● にんにくにじっくり火を入れて
ほくほくの食感に。

● オイルとゆで汁のバランスを大事に。

● 乳化は鍋を揺するだけで OK。

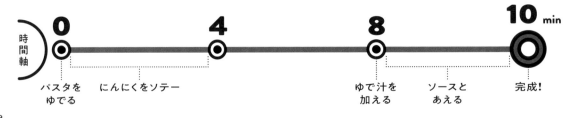

時間軸

0
パスタを
ゆでる

にんにくをソテー

4

8
ゆで汁を
加える

ソースと
あえる

10 min
完成！

Start!

1 スパゲティをゆでる。水に対して塩分濃度
1.5％のお湯に、パスタを入れる。ゆで時間
表記マイナス1分が目安。

2 イタリアンパセリを粗めに刻む。にんにくは
包丁の腹でつぶし、芽を取り除く。

> ほくほくの食感を目指して、
> じっくりと焦らずに火を入れる。

3 フライパンにオリーブオイルとにんにくを入
れ、中火にかける。油がふつふつと沸いてき
たら弱火に落とす。

4 にんにくが軽く色づくまで火を通して香りを十
分に引き出す。唐辛子を加えてフライパンを10
秒ほど揺すってオイルになじませたら、唐辛子
を取り出す。辛いのが好きな人はそのままで。

> 乳化に大事なのはオイルと
> 水分のバランス！

Boiling soup

5 ゆで汁をきっかり40ml量って加え、フライ
パンを揺すって油とゆで汁をしっかりと乳化
させる。分量さえ合っていれば揺するだけで
うまくいく。

6 ゆで上がったパスタの水けをきって、フライ
パンに入れたら手早くあえる。イタリアンパ
セリを加え、味見をして足りなければ塩で調
味する。

ボンゴレビアンコ

簡単だけど奥の深い料理。
あさりは加熱したら一度取り出す、
スープを煮詰める、
これらのひと手間を加えると、
味わいが劇的に良くなります。

材料（2人前）			
・スパゲティ	160g	・塩	適量
・オリーブオイル	50ml	・EXVオリーブオイル	適宜
・あさり	40粒	・イタリアンパセリ	適宜
・白ワイン	50ml		
・にんにく	2片		

ポイント
- あさりの口が開いたらいったん取り出す。
- ソースを半分程度まで煮詰める。
- パスタとスープを先にあえてから、あさりを加える。

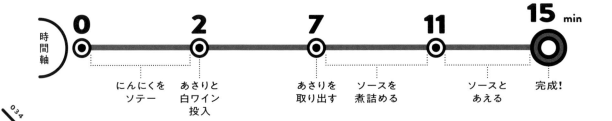

時間軸

0 min — **2** — **7** — **11** — **15** min

- 0 / にんにくをソテー
- 2 / あさりと白ワイン投入
- 7 / あさりを取り出す
- 11 / ソースを煮詰める
- 11 / ソースとあえる
- 15 / 完成！

水分が入る前に、にんにくを茶色く最高の状態に仕上げる。

Start!

1 フライパンにオリーブオイル、みじん切りにしたにんにくを入れて中火にかけ、ふつふつと沸いてきたら弱火に落とす。

2 あさりと白ワインを加え、ふたをして強火で1分ほど加熱する。

煮詰める事でうまみをグッと凝縮させる

3 貝の口が開いたらあさりをフライパンから取り出し、半分程度の水分量になるまで強火で煮詰める。あさりは火を入れ過ぎて身が縮まないように注意。

4 スパゲティをゆでる。塩分濃度1％のお湯に袋の表記マイナス30秒が目安。

Boiling soup

5 **3**にゆで汁70mlを加えて、やさしくフライパンを揺すり乳化させる。

パスタとスープを先にあえてから、あさりを加える。

6 ゆで上がったパスタを**5**に入れ手早くあえてあさりを戻し、足りなければ塩で調味する。皿に盛り、イタリアンパセリ、仕上げにEXVオリーブオイルを少量たらして完成。

リガトーニのカルボナーラ

リガトーニは大きな穴が開いた珍しいパスタです。
ソースがよくからむので、
クリーミーなカルボナーラとの相性が抜群。

材料（2人前）

・リガトーニ	160g
・オリーブオイル	50ml
・パンチェッタ	60g
・パルミジャーノレッジャーノ	50g
・卵黄	2個分
・ブラックペッパー	適宜

ポイント

- パンチェッタは余熱で火を通す。
- 卵液に冷ましたゆで汁を加える。
- 卵液とパスタをあえて火をつける。

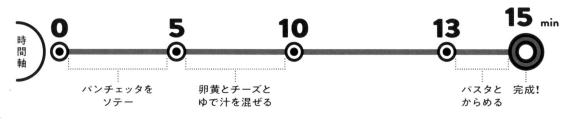

時間軸

0	5	10	13	15 min
パンチェッタを ソテー	卵黄とチーズと ゆで汁を混ぜる		パスタと からめる	完成！

1 リガトーニをゆでる。塩分濃度は1.5％で、袋の表記マイナス30秒が目安。

2 フライパンにオリーブオイル、1cm幅に切ったパンチェッタを入れて中火にかけ、ふつふつと沸いたら火を止めて、余熱でうまみを引き出す。

Boiling soup

> 卵黄は65℃から固まりはじめるため、ゆで汁の温度に注意。

3 ボウルに卵黄、ブラックペッパー、パルミジャーノレッジャーノを入れて混ぜ合わせる。冷ましたゆで汁20mlを加えて混ぜ合わせておく。

Boiling soup

4 **2**にゆで汁50mlを入れ、中火で温める。

> フライパンの底を濡れ布巾などに30秒ほどのせて温度を下げる。

5 パスタがゆで上がる直前に**3**の卵液を**4**のフライパンに加えて混ぜ合わせ、いったん火をとめる。

Cheese

> 卵液が固まりすぎたら、ゆで汁を加える。

6 パスタがゆで上がったら水けをしっかりきり、**5**に入れて手早くあえて、弱火にかける。卵液がもったりと固まりはじめたら、すぐに火を止めて、皿に盛り付け、ブラックペッパーとパルミジャーノ（分量外）を散らす。

Pasta

グレープフルーツと生ハムの冷製パスタ

グレープフルーツの酸味が
暑い季節にぴったりの冷製パスタ。
メインはもちろん、少量を皿に
盛り付けたら、立派な前菜にも。

材料（2人前）		
・カペッリーニ	160g	
・EXVオリーブオイル	50ml	
・トマト	1個	
・グレープフルーツ	1個	
・生ハム	2枚	

・ブラックオリーブ	6粒
・塩	ひとつまみ
・ブラックペッパー	適宜

ポイント

● 塩味をこまめにチェック。

● オリーブオイルは少しずつ加え

● パスタは表記より
30秒長めにゆでる。

時間軸

0 ── **5** ── **7** ── **10** ── **15** min

下準備　　　材料と　　　カペッリーニを　氷水で　ソースと　　完成！
　　　　オリーブオイルを混ぜる　ゆでる　　冷やす　あえる

1 トマトの皮に十字に切り込みを入れ、湯の中に20秒ほど入れたら、氷水にとり皮をむく。

2 **1**を1cm角にカットし、種を外す。グレープフルーツは皮をむいてバラバラにして、実だけ取り出す。生ハムは手で小さくちぎる。オリーブは粗く刻む。

> オイルを少しずつ加えて全体をなじませると乳化しやすい。

3 **2**の材料をボウルに入れたら、ボウルの肌にオリーブオイルを垂らす。ゴムベラでかき混ぜてトマトとフルーツの水分と油を乳化させたら、塩で味を整える。

> 冷水で麺が締まるため、少し長めにゆでる。

4 カペッリーニをゆでる。塩分濃度1.5％のお湯で袋の表記プラス30秒長めにゆでる。

5 パスタがゆで上がったら、氷を張ったボウルにあけて、1分ほどつけてよく冷やす。

6 **5**の水けをしっかりきったら、**3**のボウルに入れて混ぜ合わせ、塩で調味する。皿に盛り付け、ブラックペッパーを散らす。

ゴルゴンゾーラのクリームスパゲティ

他の具材は一切入れずに、
チーズのうまみだけを味わう骨太パスタ。
簡単にお店の味を再現。

材料（2人前）		
・スパゲティ		160g
・生クリーム		70ml
・牛乳		70ml
・ゴルゴンゾーラチーズ		60g
・パルミジャーノレッジャーノ		30g
・塩		適量
・ブラックペッパー		適量

ポイント

- 生クリームは沸騰させない。
- チーズ以外は入れない。
- パルミジャーノレッジャーノは直前に入れる。

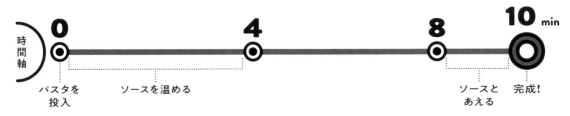

時間軸

0	4	8	10 min
パスタを投入	ソースを温める	ソースとあえる	完成！

Start!

1 スパゲティをゆでる。塩分濃度1.5%でゆで時間は袋の表記マイナス30秒が目安。

生クリームと牛乳は沸騰させない。

2 フライパンに生クリーム、牛乳を入れ、弱火で温める。十分に温まったら、ゴルゴンゾーラを加えて溶かす。

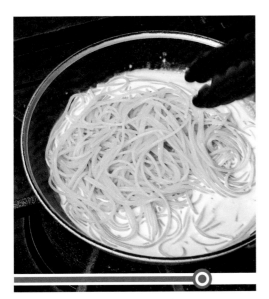

3 ゆで上がったスパゲティをザルにあけ水けをきったら、1の鍋に入れ手早くあえる。味見をしながら塩で調味する。

Cheese

チーズは固まらないよう直前に入れる。

4 盛り付け直前にパルミジャーノレッジャーノを加えてあえ、ブラックペッパーを散らす。

Pasta

きのこのクリームニョッキ

きのこのうまみをソースにギュッと閉じ込めたレシピ。
ニョッキのツルッとした食感とコクのあるソースが
幸せな余韻を残します。

材料（2人前）		
・ニョッキ（冷凍）	180g	・牛乳 …… 90ml
・オリーブオイル	50ml	・塩 …… 適量
・椎茸	2枚	・パルミジャーノレッジャーノ
・舞茸	½パック	…… 40g
・しめじ	⅓パック	・ブラックペッパー …… 適量
・生クリーム	90ml	・イタリアンパセリ …… 適量

ポイント
● 味出しの塩でうまみを引き出す
● きのこは強火でソテーして、食感をいかす。
● 生クリームは沸騰させない。

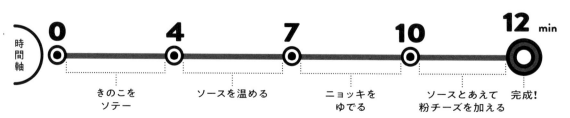

時間軸

0 きのこをソテー

4 ソースを温める

7 ニョッキをゆでる

10 ソースとあえて粉チーズを加える

12 min 完成！

Salt

Start!

1 フライパンにオリーブオイルを入れ強火にかけ、温まったらきのこを入れて、味出しの塩をふってソテーする。

Boiling soup

生クリームは沸騰させると油分が分離するため、沸騰直前で火を止める。

2 きのこに火が通ったら、ゆで汁50mlを加えて、さらに生クリームと牛乳を加え弱火にして温める。

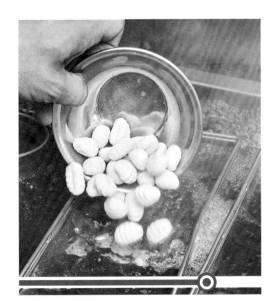

3 塩分濃度1.5％の湯でニョッキをゆでる。ニョッキが浮き上がってきたらゆで上がりのサイン。

4 水けをきったニョッキを **3** に加えて手早くあえ、パルミジャーノを加えて皿に盛り付ける。ブラックペッパーとパルミジャーノ、イタリアンパセリを散らしたら完成。

動画が人生を変えた

ChefRopiaとリストランテフローリア、そして今の僕があるのはYouTubeをはじめとする動画のおかげだといっても過言ではありません。このコラムでは僕の人生を変えた動画についてお話したいと思います。

2012年、最初はニコニコ生放送で「ゲーム実況」を始めました。仕事とは関係ない趣味です。もともと熱中するタイプで、なにかに夢中になると、「みんなにもこの面白さを知って欲しい」という気持ちになるんです。動画配信という作業は僕にピッタリでした。仕事の合間にリフレッシュできていたのかもしれません。

ゲームの次は男受けしそうな狩猟動画を配信しようと思っていたんですが、いろいろあって配信することは難しいことがわかりました。そうなると、僕にできるのは料理しかない。記念すべき初めての料理動画は2014年にアップしました。

だけど、最初はほとんど見られなかったんです。料理の動画には興味は持たれないのかなぁ、というのが実感でした。

でも、転機は翌年、早々に来ました。まったく見られなかった同じ料理動画をニコニコ動画に5本アップしたところ、なんと人気1〜3位を独占し、これにはびっくり。コメントも含めて大きな反響があって、視聴者さんからの「こういうのが見たい」というコメントが楽しくて、それに応える形でどんどん動画をアップしていきました。

ここ最近は新しい視聴者さんも増え、コメント欄も賑わってくれてありがたく思っています。コメントの内容も、長年のファンだったら知っていることだったり、素朴な料理の疑問だったりと、ある意味、動画を始めたころに回帰している気がします。

コメントで気付かされることってたくさんあるんですよね。視聴者さんのコメントと一緒に成長していたあの頃の気持ちを取り戻して、これからも新鮮な気持ちで動画にも向き合っていこうと思っています。

※最初の動画は
　こちらから見れます。

Chapter 2

前菜

魚介たっぷりのアヒージョ

簡単料理ですが、食材の選択肢は無限大。
食べ終わったあとのオイルをパンにつけたり
パスタとあえても美味しい。

材料（2人前）	・有頭えび	2尾	・小かぶ	1個
	・ベビーホタテ	4個	・ズッキーニ	¼本
	・あさり	10粒	・にんにく	1片
	・白身魚	1切れ	・オリーブオイル	250ml
	・ヤングコーン	2本	・塩	小さじ½
	・エリンギ	1本		

ポイント

● にんにくの香りを引き出す。

● 塩はしっかりときかせる。

● 具材に火を通しすぎない。

時間軸

0	4	6	8 min
にんにくをソテー	野菜に火を通す	魚介に火を通す	完成！

Start!

1 にんにくの芽を取り、1mm幅にスライス。えびは胴体部分の殻だけむき、頭と尻尾はつけたまま。その他の材料は一口大に切っておく。

にんにくが
焦げないように注意。

2 小さめのフライパンやスキレットにオリーブオイルとにんにく、塩を入れ中火にかける。ふつふつと沸いたら弱火に落として2分ほど火にかけ、にんにくの香りを引き出す。

3 最初に火の通りにくい、かぶやヤングコーンを加える。

えびが赤く色付いたら
仕上がりのサイン。

4 エリンギとズッキーニ、魚介類を加えて3分ほど火を通したら完成。

焼きトマトのカプレーゼ

シンプルなだけに素材がものをいうレシピ。
モッツァレラチーズはもちろん、
トマトの品種にもこだわると
味の幅が広がります。

材料（2人前）

- モッツァレラチーズ ……………… 1個
- トマト（中玉） ………………… 1玉
- バジルの葉 ……………………… 6枚
- EXVオリーブオイル ………… 適量
- 塩 ………………………………… 適量
- ブラックペッパー ……………… 適量

ポイント

- トマトを焼いてうまみを引き出す。
- 切り口に塩をふる。
- 仕上げのオリーブオイルは
  たっぷりとかける。

時間軸

0 ────────────── 8 ── **10** min

トースターでトマトを焼く　　盛り付け　完成！

チェリートマトや
ミニトマトでもOK。

Start!

1 モッツァレラチーズとトマトを1cm幅にス
ライスしておく。

2 トマトの切り口に塩を薄くふる。

200度に予熱しておく。
多少焼き過ぎでも焦げ目が
香ばしくて美味しい。

3 トマトをオーブントースターで7〜8分焼く。

4 モッツァレラチーズ、トマト、バジルを交互
に並べ、仕上げにEXVオリーブオイル、ブ
ラックペッパーをふる。

バーニャカウダ

お好みの野菜を用意してソースを作れば、
ヘルシーなメインディッシュの出来上がり。
にんにくを牛乳で煮ることで、
お店のような上品な仕上がりに。

材料（2人前）

- ・にんにく ……………… 3玉
- ・牛乳 …………………… 300ml
- ・水 ……………………… 300ml
- ・オリーブオイル ……… 180ml
- ・アンチョビ …………… 7枚
- ・野菜 ………………… お好み

ポイント

- ● にんにくは 2 度ゆでる。
- ● にんにくをしっかりたたいてペースト状にす
- ● ペーストを軽く焦がして香ばしさを出す。

時間軸

0	5	20	25	30 min
にんにくをゆでる	にんにくをゆでる（2回目）	にんにくとアンチョビをペーストにする	オリーブオイルとペーストを煮込む	完成！

Start!

1 小さな鍋に水150ml、牛乳150ml、皮と芽を取り除いたにんにくを入れて中火にかける。

もったいなく感じても、思い切って捨てる！

2 沸騰したらすぐに鍋をザルにあけて、にんにくの水けをきる。

3 再び同じ鍋に**2**のにんにく、残りの水と牛乳（150mlずつ）を加え、竹串などで刺したらスッと入るくらい（15〜20分ほど）まで弱火で加熱する。

4 にんにくがやわらかくなったらザルにあけ、水けをきる。

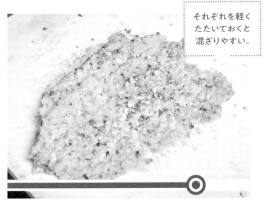

それぞれを軽くたたいておくと混ざりやすい。

5 **4**のにんにくとアンチョビをまな板の上にのせ、ペースト状になるまで包丁でたたく。

「鍋底が軽く焦げ付いたら混ぜる」を繰り返す。

6 **5**のペーストとオリーブオイルを鍋に入れ、弱火でしばらく煮込んだら、カットした好みの野菜を添えて完成。

いかのフリット

大きめにカットすると食べごたえ抜群。
衣の色をしっかり見て揚げると、失敗なく完成します。
お酒のつまみにも、ごはんにもぴったりの便利なひと皿。

材料（2人前）

- ・いか ……………………… 1 はい
- ・薄力粉 …………………… 100g
- ・牛乳 ……………………… 100ml
- ・卵 ………………………… 1個
- ・塩 ………………… ひとつまみ

- ・揚げ油 …………………… 適量
- ・イタリアンパセリ ……… 適宜
- ・レモン …………………… 適宜

ポイント

- ● 卵黄と卵白を分ける。
- ● 衣はしっかりと混ぜ合わせる。
- ● 衣が色付いたら油から上げる。

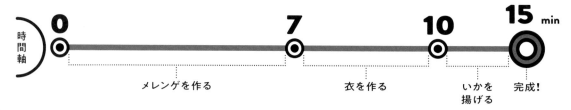

時間軸

0 ─────── **7** ─────── **10** ── **15** min

メレンゲを作る　　　　　衣を作る　　　いかを　完成！
　　　　　　　　　　　　　　　　　揚げる

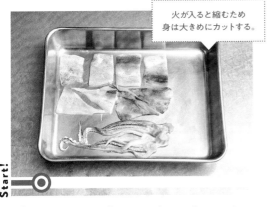

火が入ると縮むため
身は大きめにカットする。

1 いかの内臓と身に分け、好みの大きさに切る。

2 卵黄と卵白に分けて、卵白のみをボウルでツノが立つまで泡立てる。

3 別のボウルに薄力粉、卵黄、牛乳を入れてよく混ぜ合わせる。

4 **3**のボウルに**2**を加え、さらに混ぜて衣を作る。

時間にして1分ほど。
衣に色がついたらすぐに
油から出す。

5 **1**を衣にくぐらせ、170度の油に入れてこんがり色付いたらすぐに鍋から上げる。

トマトとアボカドのブルスケッタ・玉ねぎのポタージュ

アボカドのクリーミーな味わいとガーリックトーストの
香ばしさが最高にマッチする一品。
シンプルなポタージュは素材の持つ
甘さを楽しむことができます。

材料（2人前）

〈ブルスケッタ〉
・ミニトマト ……………… 10個
・アボカド ………………… 1個
・オリーブオイル ………… 15ml
・レモン果汁 ……………… 10ml
・にんにく ………………… 1片
・バゲット ………………… ½本
・塩 ………………… 小さじ½

〈ポタージュ〉
・玉ねぎ（中玉）………… 1個
・牛乳 ……………………… 90ml
・生クリーム ……………… 90ml
・塩こしょう ……………… 適量
・オリーブオイル ………… 適量

ポイント
● レモンで変色防止。
● オリーブオイルとすりおろしにんにくを
混ぜておく。
● ポタージュは好みにあわせて
混ぜ具合を調節する。

時間軸　※ポタージュのみ

0 〜 **10** 〜 **15** 〜 **20**min

玉ねぎをソテー　　玉ねぎと牛乳を混ぜる　　生クリームを加えて鍋で煮込む　　完成！

Start!

1 ミニトマトは4等分のくし形に切り、アボカドは1cm角に切る。

レモン果汁でアボカドの変色防止＆風味付け。

2 1をボウルに入れ、レモン果汁と塩を合わせ、冷蔵庫で冷やしておく。

トースターで焼くことでにんにくの臭みがなくなります。

3 バゲットを2cm厚さに切ったら、すりおろしたにんにくとオリーブオイルを混ぜたものを塗り、トースターでこんがりと焼き、1の具材をたっぷりとのせる。

Salt

4 ポタージュを作る。鍋にオリーブオイルを熱し、1mm幅にスライスした玉ねぎを入れ味出しの塩をふり、透明になるまで炒める。

少しくらい玉ねぎの食感が残っても問題なし。

5 ミキサーに4と牛乳を入れてよく混ぜる。玉ねぎの食感を楽しみたいなら形を残す。

6 十分に混ざったら、5と生クリームを鍋に入れて中火で煮込み、軽く沸騰させたら、塩こしょうとオリーブオイルで仕上げる。

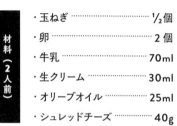

フリッタータ

本場のフリッタータと違って、キッシュのようにやわらかく、
玉ねぎの甘みを感じられる仕上がりに。

材料（2人前）		
・玉ねぎ	½個	
・卵	2個	
・牛乳	70ml	
・生クリーム	30ml	
・オリーブオイル	25ml	
・シュレッドチーズ	40g	

・パルミジャーノレッジャーノ …… 10g
・粉チーズ …… 適量
・ブラックペッパー …… 適宜
・塩 …… ひとつまみ

ポイント

● チーズを2種類使う。
● 生地をしっかりと混ぜる。
● 冷蔵庫で冷やして
　うまみを凝縮させる。

時間軸

0	10	15	30	90min
玉ねぎをソテー	卵液を作る	オーブンで焼く	冷蔵庫で冷やす	完成!

Salt

味出しの塩で玉ねぎの甘みを
引き出し、うまみを凝縮。

Start!

1 鍋にオリーブオイル、2mm幅にスライスした
玉ねぎを中火にかけ、味出しの塩（分量外）
をふりながら透き通るまでソテーする。

卵だけを最初に
混ぜると、早く混ざる。

2 ボウルに卵を割り入れて、しっかりと溶きほ
ぐし、牛乳、生クリーム、塩を加えてよく混
ぜ合わせる。

クッキングシートを敷けば
失敗は少なくなります。

3 型にオリーブオイル（分量外）を薄く引き、
1の玉ねぎを均等に敷き詰める。

Cheese

焼き色がついて、
型を揺らしてもどっしりしていれば
火が通っている証拠です。

4 **3**に**2**の卵液を流し入れ、2種類のチーズ、
ブラックペッパーを上からふりかけ、180度
に予熱したオーブンで15分焼く。粗熱を取
ったら、1時間以上冷蔵庫で冷やしてからカ
ットする。

なすのカポナータ

野菜のうまさが詰まった冷製仕立てのトマト煮込み。
冷やして食べるのがおすすめですが、温めても美味しい。

材料（2人前）			
・トマトソース（P16参照）	160ml	・ケッパー	20粒
・玉ねぎ	½個	・オリーブオイル	60ml
・なす	3本	・白ワインビネガー	40ml
・ズッキーニ	1本	・砂糖	大さじ1²/₃
		・塩	小さじ½

ポイント

● 玉ねぎをしっかりソテー。
● 味出しの塩で野菜のうまみを凝縮。
● トマトソースを沸騰させて
　酸味を飛ばす。

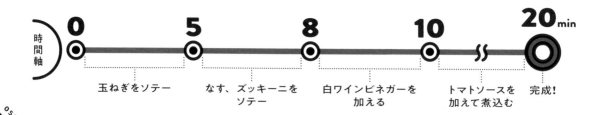

時間軸

0	5	8	10	〜	20min
玉ねぎをソテー	なす、ズッキーニを
ソテー	白ワインビネガーを
加える	トマトソースを
加えて煮込む		完成！

Start!

1 玉ねぎ、なす、ズッキーニを 2cm角に切る。

Salt

味出しの塩で
うま味を凝縮

2 小鍋にオリーブオイルを中火で熱し、味出しの塩（分量外）をふって玉ねぎに焼き色がつくまで炒める。

Salt

3 2の玉ねぎに透明感が出てきたら、なす、ズッキーニを入れて、さらに軽く味出しの塩（分量外）をふって炒める。

4 3にケッパーと白ワインビネガーを加えたら、強火にして一度沸騰させて酸味を飛ばしながら、味をなじませる。

5 トマトソースを加え中火にかけ、ふつふつと沸いたら、弱火にして砂糖、塩を加え10〜15分程度煮込む。粗熱を取って冷凍庫で冷やす。

スズキのカルパッチョ

新鮮な白身魚が手に入ったら
ぜひ作ってもらいたいレシピ。
ちょっと手を加えるだけで、
あっという間におもてなし料理が完成。

材料（2人前）	・スズキ（白身魚）200g	・ジェノベーゼソース（P28参照） 適量	ポイント	● 白身魚は好みの厚さにスライスする。

材料（2人前）

- スズキ（白身魚） ……… 200g
- レモン果汁 ……… ½個分
- オリーブオイル ……… 15ml
- 塩 ……… 適量
- 香草 ……… 適量

・ジェノベーゼソース（P28参照）
……… 適量

〈和風ドレッシング〉

オリーブオイル ……… 20ml
米酢 ……… 小さじ1
しょうゆ ……… 小さじ1

ポイント

● 白身魚は好みの厚さにスライスする。
● 指で押して塩をなじませる。
● ドレッシングでアレンジする。

時間軸

0
3
5 min

塩をふり軽く押す
ソースをかける
完成！

薄ければオイルがよくからみ、
厚ければ食べごたえが出ます。

Start!

1 スズキを薄くスライスする。

2 皿に並べて、塩を軽くふりかける。

指でマッサージするように
ペタペタと押して、
まんべんなく塩をなじませます。

3 塩が白身になじむように魚を上から軽く指で
押す。

4 レモン果汁、オリーブオイルをかけたら、最
後にペストジェノベーゼをかけ、香草を添え
る。

5 アレンジとして、和風ドレッシングの材料を
用意する。

シンプルな料理だからこそアレンジは無限大。
手作りドレッシングを用意するだけで、
一気によそ行きのごはんにレベルアップします。

6 米酢、オリーブオイル、しょうゆを混ぜたら
完成。食べる直前に料理にかける。

Appetizer

イタリアンポテトサラダ

さっぱり味のポテトサラダ。
酸味に特徴があり、
スプーンが止まらなくなる美味しさです。

材料（2人前）			
・じゃがいも	1個	・アンチョビフィレ	1枚
・にんじん	½本	・ゆで卵	1個
・玉ねぎ	½個	〈マヨネーズ〉	
・スナップえんどう	5本	・卵黄	2個分
・ケッパー	20粒	・オリーブオイル	75ml
・白ワインビネガー	20ml	・レモン果汁	20ml
・ローリエ	1枚	・白ワインビネガー	20ml

ポイント
● 油分が分離しないよう
　しっかり混ぜる。
● じゃがいもとにんじんは水から煮
● 野菜を入れるタイミングを厳守。

時間軸
0　マヨネーズを作る
10　野菜を順番にゆでる
20　粗熱を取る
25　ソースとあえる
30min　完成！

焦らず少しずつ加え、
分離しないようにしっかり混ぜる。

1 マヨネーズを作る。卵黄2個をホイッパーで白くもったりするまで3〜4分混ぜる。オリーブオイルとビネガー、レモン果汁を交互に少しずつ、数回に分けて加えながらしっかりと。

2 すべての野菜を7〜8mmの角切りに切る。

アクが出てきたらその都度
取り除くとエグみがなくなる。

3 鍋に水、ローリエ、じゃがいも、にんじんを加え水から沸騰させる。沸騰後に玉ねぎを加えて5分ほどゆでたら、最後にスナップえんどうを加え3分煮込む。

4 3の野菜をザルにあけ、水けをきり粗熱を取る。時短したい場合は流水にひたしてもOK。

5 固ゆでのゆで卵を白身と黄身を分けたら、白身は7〜8mmの角切りにする。卵黄は目の粗いザルなどで濾して、パウダー状にする。

6 ボウルにアンチョビ、ケッパー、白ワインビネガー、4の野菜、5の白身、1のマヨネーズを加えて混ぜ合わせる。皿に盛り付けたら5の卵黄パウダーを散らして完成。

━━━━ 料理人になったきっかけと修業時代 ◉

若い頃は警察官になるのが夢でしたが、その夢がかなうことはありませんでした。僕の中での大きな挫折です。

夢を絶たれたあとも人生は続きます。生きていくためには手に職を付けなくてはいけない。僕は自分の腕一本で食っていきたかったので、小さい頃から好きだった料理の道に進むのもいいなと思うようになりました。

そのときお世話になっていた人に紹介されたのが、たまたまイタリアンだったんです。だから紹介されたのがラーメン屋だったら、今はラーメン屋になっていたかもしれません。人生はわからないものです。

僕には料理の師匠が2人います。最初に入ったお店では、料理の基礎を。次の店ではイタリアンとはなにかをたたき込まれました。調理学校を出ているわけでもなく未経験で働きはじめたので、料理のいろはを教えてもらいました。

最初の師匠はとてもやさしい方で、仕事終わり

に飲みに行ったりもさせてもらいましたが、仕事は本当に厳しかった。今でも覚えているのは、パスタ場に立てるようになったときに、僕の作ったボンゴレビアンコを味見した親方が、その料理を無言でゴミ箱に捨てたんです。

食材は無駄にするなと徹底して教えられてきたので、それはとてもショックでしたけど、何が悪かったかは教えてくれない。ワイン臭かったのかもしれないし、あさりに熱を入れすぎたのかもしれない。なんでだろうと、しばらく悩みました。

また、こんなことも言っていました。
「卵は1個20円、目玉焼きになったら100円、オムレツなら400円。それが料理人の仕事だ。1個20円の卵の何倍もいただくんだから技術を磨きなさい」。

また、2人の師匠は料理が上手くなるには繰り返ししかないと教えてくれました。いつの日か動画のゲストに出てくれたら嬉しいなあと思っています。

迷いながら
「自分のイタリアン」を
模索し続けた修業時代

Chapter 3

Main

メイン

皮パリパリのチキンソテー

皮をパリッと焼いて、
中はジューシーが
理想のチキンソテー。
はじめにしっかり皮の
シワをのばして、
弱火でじっくり
焼いてください。

材料（2人前）	・鶏もも肉	2枚
	・オリーブオイル	15ml
	・塩	適量
	・ブラックペッパー	適量

〈ソース〉

・粒マスタード	10g
・マヨネーズ	小さじ2
・ハチミツ	大さじ½

ポイント

● 肉の厚みを均一にする。

● 皮目からしっかり焼く。

● 焼き時間は皮7：身3の
　割合で焼く。

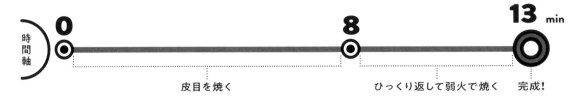

時間軸

0　　　　　**8**　　　　**13** min

皮目を焼く　　　　ひっくり返して弱火で焼く　完成!

臭みも含まれているので
余分な皮や
脂は取り除く。

1 大きな筋、脂、余った皮を取り除き、包丁を入れて肉の厚みを均一にする。肉の厚みを均一にすることで火の通りを一定にする。

30秒ほど上から
力をかけて
皮をのばす。

2 鶏肉の両面にひとつまみずつ塩をふり、十分にオリーブオイルを熱したフライパンに皮目から入れ、トングなどで上から押しつけて均等に火を通す。

身と皮の間にある脂を
しっかり引き出す。

3 5分ほど焼いて皮目がパリッとしたら弱火に落として、時折肉の位置をかえつつ、じっくりと焼き上げていく。

4 焼いている間にソースの準備をする。小さな器に粒マスタード、マヨネーズ、ハチミツを入れて混ぜ合わせる。

焼き加減は皮7:身3の割合。
フタはしない。

5 皮目がきつね色になり全体的にムラなくパリッと焼き上がったら、裏返して中火で5分ほど焼き、ブラックペッパーと**4**をかける。

Main

鶏もも肉のカッチャトーラ

そのまま盛り付けたら立派な肉料理に、
パスタと合わせればカッチャトーラ風
スパゲティにソースとして
合わせても食べられる、
とにかく便利で美味しいトマト煮込み。

材料（2人前）

・鶏もも肉	2枚
・トマト缶	2缶
・玉ねぎ	1個
・しめじ、エリンギ、舞茸	合計200g程度
・にんにく	1片
・ブラックオリーブ	10粒
・オリーブオイル	50ml
・バジルの葉	4枚
・ローリエ	1枚
・塩	小さじ1弱
・塩	適量

ポイント

● 玉ねぎはきつね色にソテー。

● 皮目をパリっとさせる。

● デグラッセでフライパンに残った
うまみを逃さない。

時間軸

0	10	15	20		40 min
にんにくと玉ねぎをソテー	鶏もも肉をソテー	きのこをソテー	トマトを加え煮込む		完成！

Start!

1 鶏肉の大きな筋、脂、余分な皮を取り除き、包丁を入れて全体の厚みを均一にしたら、3cm角に切る。

Salt

> きつね色になるまで
> しっかりソテーする。

2 鍋にオリーブオイルとみじん切りにしたにんにくを入れたら中火にかける。ふつふつと沸いてにんにくの香りが出てきたら、みじん切りにした玉ねぎを加えてソテーする。

> この後に煮込むので
> 両面に焼き色がつけば **OK**。

3 オリーブオイル（分量外）を引いたフライパンを強火で熱し、鶏もも肉を皮目から4〜5分焼いて、焼き色がついたら **2** の鍋に入れる。

> ソテー後に少量の水を入れ
> フライパンを温めて、
> うまみを集めて鍋に戻す。

4 **3** のフライパンに食べやすい大きさに割いたきのこを入れて、軽く塩をふってソテーして、**2** に加えたら、うまみを水で溶かしてさらに **2** に加える。

5 **2** の鍋にトマト缶を加え、一度強火で沸騰させる。

6 さらにバジル、ローリエ、オリーブ、小さじ1弱の塩を加え、弱火〜中火でさらに20分ほど煮込んで塩加減を調整する。

豚ロースのミラノ風カツレツ

富の象徴であるゴールドを
衣の色などで表現したカツレツ。
オイルにバターを加えることで
風味良いカツレツになります。

材料（2人前）		
・豚ロース肉 ……… 2枚（200g）	・レモン（⅛カット）……… 2個	● 肉の筋と繊維を断っておく。
・卵 ……………………… 1個	・バター ………………… 20g	● 薄力粉の代わりにチーズをまぶす。
・パン粉（細目）………… 適量	・オリーブオイル ………… 適量	● 格子模様をつけて油切れをよくする。
・エリンギ ……………… 2本分	・クレソン ……………… 適量	
・ヤングコーン ………… 2本分	・塩 ……………………… 適量	
・パルミジャーノレッジャーノ ……………………… 適量	・ブラックペッパー ……… 適量	

ポイント

時間軸

0 ──〜〜── **7** ────── **11** ────── **15** min

下準備　　　格子柄の面を揚げ焼きする　　　裏面を揚げ焼きする　　完成！

脂身部分は包丁で
切り込みを入れておく。

Start!

1 肉たたき（なければ瓶にラップを巻いて）で
肉を1cm厚さに薄くたたいて広げ、肉の両面
に軽く塩こしょうをふる。

2 肉の両面にパルミジャーノレッジャーノをま
ぶし、ボウルに卵をといておく。

薄力粉の代わりにチーズを
つけることでうまみがアップ。

3 2の豚ロースに卵→パン粉の順に衣をつけ
ていく。

模様をつけると油切れと、
火の通りがよくなる。

4 包丁の背を使って格子状に模様をつける。

5 フライパンにバターとオリーブオイルを入れ
160度まで加熱する。格子模様の面を下にし
て揚げ焼きしていく。

6 焼き色がついたら裏返して、両面をしっかり
きつね色に焼き上げる。仕上げにパルミジャ
ーノレッジャーノをふりかけ、レモンとクレ
ソンを添えて完成。お好みできのこや野菜を
ソテーして添える。

豚肩ロースのピッツァイオーラ

ピッツァをイメージした
イタリアの伝統的な料理のひとつ。
煮込むときは火を入れ過ぎないように、
肉の硬さを見ながら加熱してください。

材料（1人前）			
・豚肩ロース	2枚（200g）	・オリーブオイル	適量
・トマトソース（P16参照）	180g	・塩	適量
・シュレッドチーズ	適量		
・オレガノ	適量		
・バジルの葉	4枚		

ポイント

● 肉の筋と繊維を断っておく。

● 最初の火入れは
焼き色をつけるだけ。

● 肉を焼いた油は
雑味があるので捨てる。

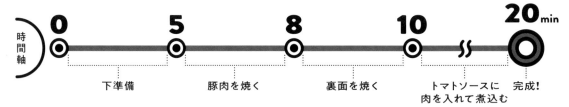

時間軸

0 — **5** — **8** — **10** ⌇ **20**min

| 下準備 | 豚肉を焼く | 裏面を焼く | トマトソースに肉を入れて煮込む | 完成！ |

Start!

1 豚肩ロースの筋部分を包丁で切り込みを入れて繊維を断つ。

肉に塩をふるのはソテーする直前！

2 焼く直前に豚肩ロースの両面にひとつまみずつ塩をふる。早くふり過ぎると肉のうまみが流出する。

3 フライパンにオリーブオイルを中火に熱し、豚肉の両面に焼き色をつけたら火を止める。肉を焼いた油は捨てる。

トマトソースの中で火入れをすることで豚のうまみをソースになじませる。

4 トマトソース（P16参照）を鍋で温めたら、**3**の肉、オレガノを入れて弱火で5〜6分煮込む。

5 食べる直前にシュレッドチーズを豚肉の上にのせ、フタをしてチーズを溶かす。チーズが溶けたら皿に盛り付けて、バジルの葉を飾る。

白身魚のグリル ケッカソース

皮目をパリッと仕上げるコツは火加減。
じっくり焦らず焼くことで
皮の水分が抜けパリッと焼き上がります。

材料（2人前）				ポイント
・白身魚（タイ・スズキなど） 　　　　　　　　　　2 切れ	・オリーブオイル　　　　30ml ・塩　　　　　　　　　　適量			● オリーブオイルを少しずつ 　加えてソースを乳化させる。
・トマト（中玉）　　　　1 個	・ブラックペッパー　　　適量			● 焼き始めたら上から押さえる。
・ローズマリー　　　　　1 枝	・EXVオリーブオイル　　適量			● 皮7：身3の割合で焼く。
・バジルの葉　　　　　　4 枚				

時間軸

0 — ケッカソースを作る — **7** 魚の皮面を焼く — **12** 裏面を焼く — **15** min 完成！

1 トマトに十字に切り込みを入れ、沸騰した湯に20秒ほどくぐらせたら、すぐに氷水に入れ、皮をむき（湯むき）、種を取り除き1cm角に切る。

オイルはボウルの肌に沿わせて少しずつ加えトマトの水分となじませる。

2 ボウルに**1**、ちぎったバジル、塩を入れ、オリーブオイルを少しずつ加え、箸などで混ぜながら乳化させてケッカソースを作る。

3 フライパンにオリーブオイルを熱し、ローズマリーを入れる。あざやかな緑色になり、香りが出てきたらローズマリーを取り出す。

反り返りが無くなってきたら弱火でじっくりと焼き上げる。

4 下味の塩（分量外）をふった魚を、**3**に入れて皮目から中火で焼きはじめる。焼きはじめすぐに上からターナーなどで軽く押さえつけ反り返りを防ぐ。

皮側7：身側3程度の感覚で焼く。

5 皮目がパリッと焼き上がったら裏返して身側も焼き盛り付ける。仕上げに**EXV**オリーブオイル少々、ブラックペッパーを散らし**2**を添える。

ごちそう牛ステーキ

外は香ばしく、中はジュワー。
スーパーで買ったお肉だって、
焼き方次第で一気にお店の味わいに。

材料（2人前）		
・牛ロース肉	2枚	
・塩	小さじ½	
・ブラックペッパー	適量	
・オリーブオイル	適量	
・にんにく	1玉	

・生クリーム　　20ml

ポイント
- 肉の筋と繊維を断ちフォークで穴を開ける。
- 焼く直前に塩をふる。
- 肉を休ませ余熱で火を通す。

※ニンニクの火入れ終わりから計算

時間軸

0 ── **7** ── **9** ── **11** ── **15** min

下準備　　牛肉を焼く　　裏面を焼く　　休ませる　　完成！

Start!

1 ガーリックソースを作る。一粒ずつにバラしたにんにくをアルミホイルで包み180度のオーブンで40分ほど加熱する。

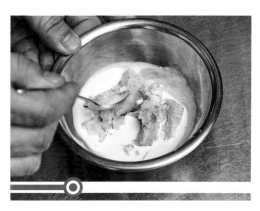

2 オーブンから **1** を取り出したら、にんにくの皮を外して、包丁でペースト状になるまでたたき、生クリームと合わせて塩で調味する。

3 牛ロースにフォークなどを刺して全体に穴を開けて、繊維を断つ。特に脂身と肉の境目の白い部分は包丁などでしっかり切り込みを入れておく。

4 フライパンにオリーブオイルをひいて十分に熱し、焼きはじめる直前で牛肉の両面に軽く塩（分量外）をふる。

> 厚さ **2cm** 程度の牛肉であれば、表面に焼き色をつけた時点で肉の中にも火が入っています。

5 両面を2分ずつ両面をこんがり美味しそうな茶色に焼き上げる。

> 肉を火から外して休ませることで、うまみの流出を防ぐ。

6 皿などに移して3〜4分休ませる。カットした肉を皿に盛り付け、ガーリックソースを添えて、最後に塩、ブラックペッパーで味を整える。

Ropia の由来と 3 人目の恩人

コラム②でも話しましたが、警察官の採用試験に落ちた僕は、次回の試験に備えるため、食っていくため、さまざまな仕事をすることに。

20歳当時の僕はトラックの運転手をしていて、主に従事していたのが、名古屋から長野までスイーツを運ぶ仕事でした。そのとき私が積んでいた荷物が「ロピア」というメーカーさんのお菓子だったんです。

全国に、プリンやシュークリームなどを卸している大きなメーカーで、そこの商品を運ぶ仕事が多かったので、同僚からあだ名のような感じで「ロピア」と呼ばれるようになりました。

「ロピア」という響きは自分でも気に入って、ゲーム実況を始めようと思い立ちユーザー名を決めるときも、最初に思い浮びました。そういえば、Ropiaが何語なのかよくわからないんです。でも、とても気に入っていますし、自分のもう一つの「顔」だと思っています。

最後にもうひとり、料理人人生で大きな影響を受けた人を挙げたいと思います。

日本イタリアンの巨匠・『アクアパッツァ』の日高良実シェフです。10年以上前のことになりますが、シェフの料理講習会に参加したことがあります。そのときに「イタリア料理店で和風パスタを提供することについてどう思いますか?」と、質問をしたんです。

すると日高シェフは、「自分なりでいいからイタリア料理やイタリアの文化を学び、その上で作る創作イタリア料理なら、生み出す価値がある」というやさしく力強い言葉を、駆け出しの僕にかけてくれました。あれから長い時間がたちますが、あのときにいただいた言葉を胸に、イタリア料理の道を精進しています。

そんな日高シェフと今年、とてもうれしい再会を果たすことができました。僕のYouTubeチャンネル『Chef Ropia』で対談させていただいた上、長野の『リストランテフローリア』までもお越しいただき、アクアパッツァで人気の料理の数々を伝授していただいたのです。その動画は現在も視聴できますので、普段はなかなか目にすることができない、トップシェフの調理風景を是非ご覧ください。

※コラボ動画は
こちらから見れます。

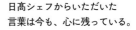

日高シェフからいただいた
言葉は今も、心に残っている。

Chapter 4

Staff meal

まかない

Staff meal

オムライス

簡単だけど奥が深いオムライス。
卵をフライパンに入れるときの温度と、
かき混ぜ方でオムレツの仕上がりに差が出ます。

材料（1人前）

<ケチャップライス>
・ごはん ────── 150g
・玉ねぎ ────── ⅙個
・ベーコン ────── 20g
・ケチャップ ────── 大さじ2程度

・オリーブオイル ────── 15ml
<オムレツ>
・卵 ────── 3個
・オリーブオイル ────── 20ml

ポイント

● ケチャップの酸味を飛ばす。

● 熱いフライパンに卵を落とす。

● 卵を揺すりながらかき混ぜて
  空気を含ませながら熱を通す。

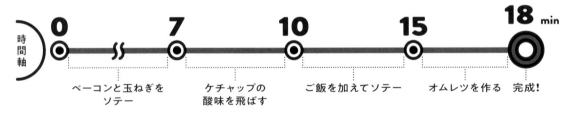

時間軸

0 ── 7 ── 10 ── 15 ── 18 min

ベーコンと玉ねぎを　　ケチャップの　　　ご飯を加えてソテー　オムレツを作る　完成！
ソテー　　　　　　　酸味を飛ばす

玉ねぎは歯ごたえが出る
スライスに。

1 ケチャップライスを作る。フライパンにオリーブオイルを熱し、1cm幅に切ったベーコンをソテーする。焼き色がついたら玉ねぎを加え、中火でじっくりとソテー。

しっかり
酸味を飛ばす。

2 玉ねぎの甘みを引き出したら、ケチャップを加えて沸騰させ酸味を飛ばし、ごはんを加えて、レードルで軽くつぶすようにしながら3分ほど炒める。

箸に卵液をフライ
パンにちょっと
垂らしてジュという
音がすれば **OK**。

3 新しいフライパンにオリーブオイル20mlをひき、中火で軽く温めたら、溶きほぐした卵を加える。

外側から内側へ
円を描きながら
絶えず混ぜる。

4 フライパンを揺すりながら、菜箸で円を描くように手早くかき混ぜる。

5 卵の端っこが固まりはじめたら、ゴムベラに持ち替えフライパンの手前を高くして、卵を奥側へ寄せたら、フライパンの角度を保ちながらトントンして卵の位置を変える。

6 ゴムベラを卵の下に潜り込ませ、手前に180度ひっくり返して裏側を焼く。10秒ほど火を通したら、皿に盛り付けたケチャップライスの上に滑らせて完成。

Start!

イタリアンチャーハン

ベースはパスタ料理のペペロンチーノ。
ガーリックライスにイタリアン食材を
加えたまかないメニューは
いつでも手軽に作れます。

材料（2人前）		
・ごはん	300g（茶碗2杯分）	
・パンチェッタ	40g	
・卵	1個	
・玉ねぎ	¼個	
・ドライトマト	3粒	
・ブラックオリーブ	5粒	
・バジルの葉	4枚	
・唐辛子	1本	
・にんにく	2片	
・オリーブオイル	40ml	
・塩	ひとつまみ	
・ブラックペッパー	適量	

ポイント

● 炒めた卵はいったん取り出す。

● にんにくの香りをじっくり引き出す。

● リズム良く仕上げる。

時間軸

0	3	7	9	12 min
卵を炒める	にんにくと玉ねぎをソテー	パンチェッタやドライトマトをソテー	ご飯を入れて炒める	完成！

Start!

1 芽を取り除いたにんにく、玉ねぎをみじん切りに、パンチェッタは1cm角に切る。

2 フライパンに多めのオリーブオイル（分量外）を入れて卵をふわっと炒めたら、いったん外に出しておく。

> 弱火でじっくりと
> にんにくの香りを引き出す。

3 フライパンにオリーブオイルとにんにくを入れ弱火でじっくりと香りを引き出す。半分に折った唐辛子を加えて辛みと風味をオイルに移す。

> ここからテンポよく材料を
> 加えてリズミカルに仕上げる。

4 **3**にパンチェッタを加えて中火で炒め、その後玉ねぎも加えて、玉ねぎに透明感が出るまで炒め合わせる。

5 半分に切ったドライトマト、ブラックオリーブを加えさらに全体を混ぜる。

6 **2**の卵、ごはんを加えて炒め合わせたら、最後に塩、ブラックペッパーで調味して、ちぎったバジルを加えて皿に盛り付ける。

唐揚げ

魔法の水につけて驚くほど
やわらかくなったお肉で、
誰に出しても喜ばれる
ごちそう唐揚げの出来上がり。

材料（2人前）	
・鶏むね肉	2枚
〈ブライン液〉	
水	200ml
塩	小さじ2
砂糖	大さじ1
・卵	1個
・片栗粉（衣）	適量

[合わせ調味料]

・酒	大さじ1
・みりん	大さじ1弱
・しょうゆ	大さじ1 ½
・すりおろししょうが	15g
・すりおろしにんにく	15g
・塩	小さじ1 ½
・ブラックペッパー	適量

ポイント

● 魔法の水に肉を漬けてジューシー
● 片栗粉は揚げる直前につける。
● カラッと仕上げるため、1度目は 160度、2度目は180度で揚げる

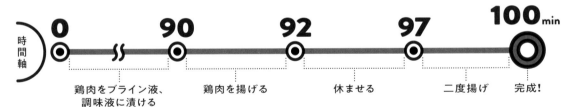

時間軸

0	90	92	97	100min
鶏肉をブライン液、調味液に漬ける	鶏肉を揚げる	休ませる	二度揚げ	完成！

Start!

水に対して塩・砂糖が
各5%を超えない
割合に。

1 鶏むね肉を一口大程度にカットし、塩と砂糖を溶かした水＝ブライン液に1時間以上漬け込む。

2 合わせ調味料の準備。しょうが、にんにくはすりおろし、全ての材料を混ぜ合わせて調味液を作る。水けをきった**1**の鶏肉を入れて調味液に30分程度漬け込む。

揚げる直前に粉をつけると
ベチャっとなりません。

3 **2**の肉を溶いた卵にくぐらせ、片栗粉をつける（余分な粉ははたき落とす）。

4 油を160度にセットして、2分揚げる。

半分ずつ揚げると
少ない揚げ油ですむ。

5 うっすらときつね色になったらバットに取り出し5分ほど休ませる。

2度揚げすることで中はしっとり、
外はカラッとした仕上がりになる。

6 油を180度にセットし、45秒揚げる（しっかりとした揚げ色になればOK）。

焼き鳥缶のワンパンチキンマヨパスタ

おつまみとして人気の焼き鳥缶にマヨネーズと
しょうゆを加えてジャンクに仕上げた人気のパスタ。
ひとつのフライパンで調理するので、
食材のうまみをひとつも逃しません。

材料（1人前）		
・スパゲティ	80g	
・玉ねぎ	¼個	
・にんにく	1片	
・焼き鳥缶	1個	
・水	250ml	
・しょうゆ	大さじ1	
・マヨネーズ	適量	
・オリーブオイル	適量	
・イタリアンパセリ	適宜	

ポイント
● 玉ねぎの歯ごたえを残す。
● 缶詰のうまみを逃さない。
● パスタにうまみを吸わせる。

時間軸

0 — 玉ねぎをソテー
7 — 焼き鳥缶と水を温める
10 — パスタを加えてゆでる
17 — しょうゆを加えてあえる
18 min — 完成！

具材が少ない料理なので、玉ねぎは
しっかりとした歯ごたえを出しましょう。

Start!

1 フライパンにオリーブオイル、みじん切りに
したにんにくを入れて中火にかけ、ふつふつ
と沸いたら2mm厚さにスライスした玉ねぎ
を加え、きつね色になるまでソテーする。

空いた缶に水を一度入れてから
加えると、残ったうまみを逃しません。

2 1に焼き鳥缶、水を入れ沸騰させる。

3 スパゲティを加えて、表記された時間通りに
ゆでる。フライパンに入らなければ半分に折
って入れる。

4 水分がなくなりゆで終わったら、しょうゆを
加える。

5 全体をなじませたら盛り付けて、上からマヨ
ネーズを回しかけたら完成。

Staff meal

ハンバーグ

強火で両面焼き色をつけたら
少量の水を加えフタをして
蒸し焼きにするとふっくら
とした焼き上がりになります。

材料（2人前）			
・牛豚合いびき肉	500g	・塩	適量
・玉ねぎ	1個	・ブラックペッパー	適量
・牛脂	2個	・ナツメグ	適量
・卵	2個	〈ソース〉	
・牛乳	180ml	・赤ワイン	70ml
・乾燥パン粉	50g	・中濃ソース	大さじ1½
・にんにく	1片	・ケチャップ	大さじ1½
・オリーブオイル	適量		

ポイント
● 牛脂を入れてコクと
ジューシーさを出す。
● 生地の真ん中を凹ませる。
● ソースの赤ワインは
1/3量になるまで煮詰める。

時間軸

0 — にんにくと玉ねぎをソテー
10 — 肉をこねる
18 — ハンバーグを焼く
25min — 完成！

088

Salt

Start!

飴色になったら
火を止めて粗熱を取る。

1 鍋にオリーブオイル、みじん切りにしたにんにくを入れて中火にかけ、ふつふつと沸いたらみじん切りにした玉ねぎ、牛脂1個を加えて味出しの塩をふり、飴色になるまで弱火でじっくりソテーする。

2 ボウルに乾燥パン粉、卵、牛乳を入れ、パン粉に水分を吸わせたら、粗熱を取った **1** を加える。

粘りが出るとニチャ
っという音がします。

3 別のボウルに合いびき肉、塩こしょう・ナツメグ、牛脂1個を入れ、粘りが出るまで手でこねる。粘りが出てきたら **2** の中身をすべて加え、全体をさらに混ぜ合わせる。

整えた小判形の中心部分を少し
凹ませると火が通りやすくなります。

4 フライパンを熱してオリーブオイル(分量外)を薄くひき、**3** を小判形に形を整えて両面を焼いたら、少量の水を入れフタをして蒸し焼きにする。

5 竹串などを刺して出てきた汁が透明になっていれば焼き上がり。ハンバーグを取り出す。

ワインのうま味を凝縮させる。
フライパンに付いた肉の
うまみを逃さないように。

6 **5** のフライパンに赤ワインを加えて沸騰させる。1/3量程度まで煮詰める。火を止めたら、ソース、ケチャップを加え全体を余熱でなじませる。

豚ひき肉のホワイトソースリゾット（キャップ作）

材料が多いので一見面倒くさそうですが、
意外と簡単にできて失敗も少ない。
食べごたえがあって、
スタッフからも人気のメニューです。

材料（2人前）

〈リゾット〉

・ごはん	180g
・トマトソース（P16参照）	100ml
・牛乳	40ml
・水	40ml
・豚ひき肉	50g
・ほうれん草	30g
・オリーブオイル	25ml
・にんにく	1片
・塩	適量

〈ホワイトソース〉

・玉ねぎ	40g
・バター	20g
・牛乳	200ml
・薄力粉	大さじ2 1/2
・卵	1個
・シュレッドチーズ	適量
・粉チーズ	適量
・パセリ	適量
・塩	適量

ポイント

● ひき肉をしっかり炒める。

● ホワイトソースは混ぜ続ける。

● チーズにしっかり
　焼き色をつける。

時間軸

0	10	12	25	30min
ひき肉をソテー	トマトソースなどを温める	ホワイトソースを作る	オーブンで焼く	完成！

ひき肉をしっかり炒めて
香ばしさアップ！

1 フライパンにオリーブオイル、みじん切りにしたにんにくを入れて、じっくりと香りを引き出すように弱火でソテー。にんにくが色づきはじめたらひき肉を加えて、強火で炒める。

2 火が通ったら、トマトソース、牛乳、水、5cm長さに切ったほうれん草を加えて一度沸騰させる。

冷たいごはんでも
大丈夫。

3 沸騰したらすぐにごはんを加えて温めたら塩で調味する。

常にかき混ぜる
とろみが出てきたら **OK**。

4 ホワイトソースを作る。別のフライパンに玉ねぎとバターを入れ、しんなりするまでソテーし、塩を軽くふってから薄力粉を加える。

5 **4**に牛乳を加えてとろみがつくまでなじませながら温める。

6 耐熱皿に**3**のリゾット、**5**のソース、温玉をのせ、チーズ類をかけたらオーブントースターで5分ほど焼く。軽く焼き色がついたらパセリを散らして完成。

フレンチトースト

時間をかけて卵液を浸透させることで
ふわっとした仕上がりになります。
焼く際は極弱火で時間をかけて
中までしっかり火を通すと、
しっとりジューシーに焼き上がります。

材料（2人前）		
・バゲット	……………	½本分
・卵	……………	3個
・牛乳	……………	400ml
・砂糖	……………	50g
・バター	……………	20g

・バニラオイル	……………	適量
・ミント	……………	適宜
＜ホイップクリーム＞		
・生クリーム	……………	100ml
・砂糖	……………	大さじ1

ポイント
- 半日以上卵液に浸す。
- 極弱火で火を通す。
- 常に焼き目をチェック。

※漬けこみ12時間後からになります

時間軸

0	1	10	15 min
	バターを温める	極弱火でバゲットを焼く	裏面を焼く　完成！

Start!

1 ボウルに卵を割り入れ溶きほぐす。牛乳、砂糖、バニラオイルを加え混ぜ合わせる。

パンの気泡をつぶさずに中までしっかり液を染み込ませる。

2 バットに **1** の卵液を入れて、その上に4〜5cm厚さに切ったバゲットを並べてラップをし、半日ほど浸す。食パンを使う場合はつけおき時間は短くてOK。

3 フライパンにバターを落として、半分くらい溶けたら **2** のバゲットを焼きはじめる。

4 火加減は極弱火で片面7〜8分ずつじっくりと焼いていく。

硬いバゲットのほうが食感が良くなります。

5 こんがりとしたきれいな焼き目がつくよう何度もチェックをしながら焼き上げる。

6 ボウルに生クリームと砂糖を入れ、ホイッパーでツノが立つまで混ぜたら **5** に添える。

リストランテフローリアとメンバーの歴史

お店をオープンしたのは2013年。当時のオーナーは私の親戚で、「店をやるから料理長をやってほしい」と言われ働くようになりました。最初は身内だけで回そうと思っていたのですが、人が足りなくて募集をかけたんです。

そこに応募してきたのが325（さつこ）さんでした。僕はその当時、仕事に集中しすぎていて、身だしなみも整える余裕がなかったので、彼女は僕のことを「おじさんだな」と思っていたらしいです（笑）。彼女はしっかりとしていて働きものですから、おかげでとても助かりました。そして、よく食べてよく笑う子だなと思っていました。今では店でも動画でも僕を支えてくれるよき妻です。

オープンから2年がたち、ようやく店も落ちついたので、動画の撮影を始めました。動画を撮影しているのは主に奥さんです。そうそう、325さんの名前の由来を説明しなければいけませんね。ほんと単純なんですが、撮影を担当する子だから（笑）。325さんが撮るカメラと私の掛け合いの評判が良かったので今のスタイルに落ち着きました。

柔道部のキャプテンだった「キャップ」のファンも多いんです。まかないシリーズは彼にしか出せない空気感がありますよね。仕事に関しては教えすぎてもよくないと思っていますから、あまりこちらから口を出さないようにしています。まだまだ成長の途中ですけど、もし「他の店でも修行したい」と言われても引き止めるつもりはありません。もちろん寂しいですけど、自分が成長するチャンスを逃さないでほしい。

「まつこ」さんは見た目がきれいだから、ちょっと意外性のある名前にしたいねって話し合って、「325」と響きが似た「まつこ」になりました。いつも癒しを与えてくれる大事なメンバーの一人です。

僕たち4人の仲良しぶりを楽しみにしてくれている人も多いんです。
ここ1年でも登録者がグンと増えました。わざわざ長野まで会いに来てくれる人もいてとてもうれしいです。動画のいいところはどこからでも発信できること。大好きな長野からこれからもみんなで楽しく発信できたら幸せだと思っています。

4人が揃ってこその
リストランテフローリア。

Chapter 5

Dolce

ドルチェ

Dolce

ティラミス (325作)

ケーキ用スポンジを使用しましたが、
市販のビスケットでも代用できます。
コーヒー液を抹茶に、パウダーを抹茶パウダーにすると、
抹茶ティラミスになります。

材料（2人前）		
・ケーキ用スポンジ 　　　　　15cm（5号1台分）	・マスカルポーネチーズ 　　　　　　　　　100g	
・コーヒー液　　　　　100ml	・生クリーム　　　260ml	
・卵黄　　　　　　　2個分	・ココアパウダー　　　適量	
・グラニュー糖　　　大さじ3弱		

ポイント
- 生クリームを最初に泡立てる。
- しっかりと冷やす。
- 食べる直前にパウダーを散らす。

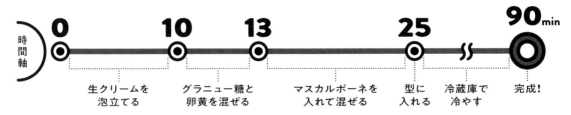

時間軸

0	10	13	25		90min
生クリームを 泡立てる	グラニュー糖と 卵黄を混ぜる	マスカルポーネを 入れて混ぜる	型に 入れる	冷蔵庫で 冷やす	完成！

1 タッパーにスポンジを置いたら、濃いめのコーヒー液を染み込ませて冷蔵庫に入れる。

2 ボウルに生クリームを入れ、ホイッパーなどで固めに泡立てる。

3 別のボウルに卵黄とグラニュー糖を入れ、白くもったりするまでホイッパーで3分ほど混ぜる。

目安として10分ほど混ぜましょう。

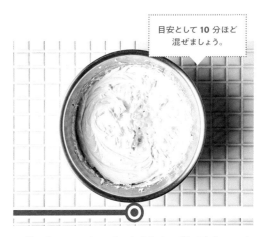

4 **3**にマスカルポーネを加えて混ぜ合わせ、さらに**2**の生クリームを加え、ツノが立つまでホイッパーでしっかり混ぜ合わせる。

時間をおくと味がなじんでさらにおいしくなります。

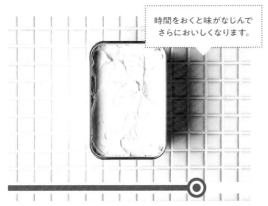

5 **1**を入れた型に**4**をそっと流し入れ、平らにならし、冷蔵庫に入れて1時間以上冷やし、食べる直前にココアパウダーをふったら完成。

Dolce

ビスコッティ（まっこ作）

ローストの一手間をかけるだけで、
一気にナッツの香ばしさがアップして
味わいが良くなります。

材料（2人前）

・卵 ……………………………… 1個
・オリーブオイル
　（サラダ油でも可）…………… 20ml
・グラニュー糖 ………… 大さじ 3
・薄力粉 ……………… 1 カップ

・ナッツ類 …………………… 30g
・板チョコ …………… 1枚（50g）

ポイント

● ナッツはローストする。
● 生地は混ぜすぎない。
● 焼き色をしっかりつける。

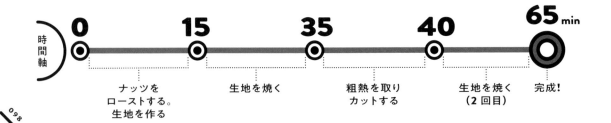

時間軸

0
ナッツを
ローストする。
生地を作る

15
生地を焼く

35
粗熱を取り
カットする

40
生地を焼く
（2回目）

65min
完成！

Start!

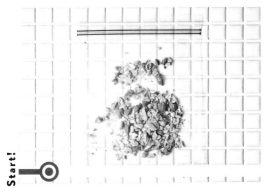

1 オーブンを180度に予熱しておく。予熱の間にナッツ類もオーブンに入れ、10分ほどローストして取り出したら包丁でたたくか、ジッパーつき保存袋に入れて麺棒などでたたいて細かくする。

2 ボウルに卵、オリーブオイル、グラニュー糖を入れて、ホイッパーでザラツキがなくなるまでよく混ぜる。

> 粉っぽさが残っていて **OK**。混ぜすぎると空気が抜けて生地が固くなります。

3 2に薄力粉をふるい入れ、ゴムベラなどで切るように混ぜ、粉っぽさが若干残っているあたりで、1のナッツと、包丁で細かくしたチョコを加えて軽く混ぜる。

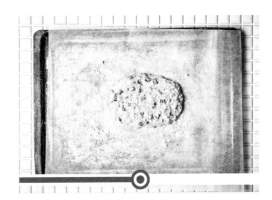

4 オーブンシートの上に薄く薄力粉（分量外）をふるい、生地をのせる。1.5cm高さのなまこ型の長方形に成形する。

5 180度で15〜20分焼いて焼き色をつけたら、オーブンから取り出し粗熱を取る。

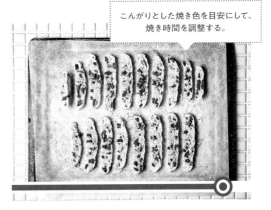

> こんがりとした焼き色を目安にして、焼き時間を調整する。

6 1cm幅にカットして、断面を上にしてもう一度並べ、150度にしたオーブンで25分焼く。きれいな焼き色がついたら完成。

Dolce

セミフレッド (325作)

アイスとケーキのいいところを
味わえるお菓子です。
生クリームとメレンゲ作りは大変ですが、
おいしさは折り紙付きです。

材料（2人前）	
・完熟バナナ …… 大1〜2本 (150g)	・グラニュー糖（工程2）…… 小さじ2
・グラニュー糖（工程1）…… 大さじ4	・卵白 …… 1個分
・レモン汁 …… 小さじ½	・グラニュー糖（工程3）…… 大さじ3
・生クリーム …… 80g	

ポイント

● 砂糖を少しずつ加える。

● メレンゲと生クリームは混ぜすぎない。

● 冷凍庫でしっかり冷やす。

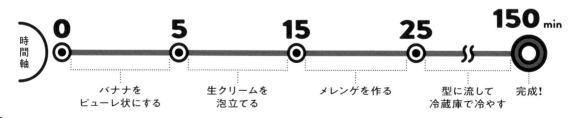

時間軸

0	5	15	25	150 min
バナナを ピューレ状にする	生クリームを 泡立てる	メレンゲを作る	型に流して 冷蔵庫で冷やす	完成！

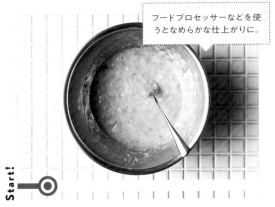

フードプロセッサーなどを使うとなめらかな仕上がりに。

Start!

1 ボウルにバナナとグラニュー糖を入れフォークでつぶし、ピューレ状にする。レモン汁を入れて変色を防ぐ。

2 別のボウルに生クリームとグラニュー糖を入れ、ボウル全体を氷水で冷やしながら、ホイップする。八分くらいの仕上がりにする。

少量ずつ加えてしっかり空気を含ませる。

3 別のボウルに卵白を入れて高速で泡立てる。泡がきめ細かくなったら、グラニュー糖を3回に分けて加え、メレンゲを作る。

泡が消えてしまうので混ぜすぎない。

4 1に2の生クリームを入れゴムベラで混ぜ合わせる。さらに3のメレンゲを加えて、さっくり混ぜ合わせる。

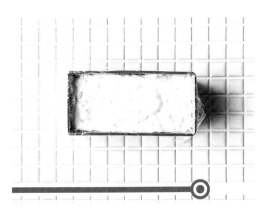

5 ラップを敷いた型などに流し入れたら、冷凍庫に入れて2〜3時間冷やし固めたら完成。

おわりに

僕にとって初めてのレシピブック、至らぬ点もたくさんあった
かと思いますが、最後までお読みくださり誠にありがとうござ
います。

今の世の中、ワンコインもあればお腹を満たすことはできます
が、「食べる」ということはお腹をいっぱいにするためだけじゃ
なく、「楽しむ」ことも大切だと思っています。料理を作り、美
味しく食べることで、明日への活力につながると、僕は信じて
います。

そして料理において最も大切なこと。それは「想い」だと思っ
ています。昔の僕は「想いがいくらあっても味に変わりはな
い！」と考えていましたが、それは違うということに、いつし
か気付きました。想いを持って作れば、「火加減は大丈夫かな」
「塩加減は問題ないだろうか？」という、料理において数値化
しづらい「加減」の部分にも目が行き届くからです。

とはいえ、ポイントさえ押さえればアバウトに作ってもおいし
くなるような、手軽に作れて、満足できるレシピを詰め込みま
した。
まずは「美味しく作ろう！」という想いを持って、ぜひイタリ
ア料理作りを楽しんでいただけたら、イタリアンのシェフとし
てこれほど幸せなことはありません。

この本を手にとってくださり、本当にありがとうございました。

Chef Ropia
小林諭史（こばやし　あきふみ）

1980年5月15日、長野県生まれ。イタリア料理店『リストランテフローリア』オーナーシェフ。同店の経営と並行して、イタリアンのコツをわかりやすく伝えるレシピや、プロの技を惜しみなく公開するYouTubeチャンネル『Chef Ropia』を運営すると人気爆発。「オムライス仕込みから提供まで」は325万回視聴。チャンネル登録者数は現役シェフトップクラスの38万人オーバー（2020年6月現在）。

YouTube　Chef Ropia
Twitter　@ropia515
Instagram　chef_ropia

Chef Ropia
極上のおうちイタリアン

2020年8月10日　初版発行
2020年9月25日　2版発行

著者 ………… 小林諭史

発行者 …… 横内正昭

編集人 …… 青柳有紀

発行所 …… 株式会社ワニブックス
〒150-8482
東京都渋谷区恵比寿4-4-9
えびす大黒ビル
電話　03-5449-2711（代表）
03-5449-2716（編集部）

ワニブックスHP　http://www.wani.co.jp/
WANI BOOKOUT　http://www.wanibookout.com/
WANI BOOKS NewsCrunch　https://wanibooks-newscrunch.com/

staff

アートディレクション ……… 細山田光宣
装丁・本文デザイン ……… 鎌内文、能城成美（細山田デザイン事務所）
横村葵
撮影 ……………………… 市瀬真以
構成 ……………………… キンマサタカ（パンダ舎）
協力 ……………………… UTUWA
校正 ……………………… 東京出版サービスセンター
編集 ……………………… 小島一平（ワニブックス）

印刷所 ………………… 大日本印刷株式会社
DTP …………………… 有限会社 Sun Creative
製本所 ………………… ナショナル製本